내 짝꿍이 되어 줄래

스콜라 scola_가치 있는 책을 만드는 아름다운 책 학교 (주)위즈덤하우스의 아동·청소년 브랜드입니다.

글 박혜선
미루나무를 좋아하고 지나가는 아이들에게 말 걸기를 자주 합니다. 아이 같은 어른으로 살고 싶어 동화를 쓰기 시작했습니다. 지은 책으로는 동시집 《개구리 동네 게시판》《텔레비전은 무죄》《위풍당당 박한별》과 동화책 《부글부글 화가 나》《쿠키 전쟁》, 그림책 《이제 게임 안 해》《내가 엄마 할 거야》《새 장난감이 좋아》 등이 있으며, 제1회 연필시문학상과 제15회 한국아동문학상을 받았습니다.

그림 이영림
대구에서 태어나 국민대학교 회화과를 졸업한 뒤, 영국 킹스턴 대학교 예술디자인대학원에서 일러스트레이션으로 석사 학위를 받았습니다. 그린 책으로 《게으른 게 좋아》《잘 자라라 내 마음》《아기가 된 할아버지》《수선된 아이》《하늘의 시소》《선생님은 나만 미워해》《삐뚤빼뚤 그래도 완벽해》《누가 고양이를 데려갔나》《도서관에서 3년》《컴퓨터 속 아이콘 나라》《우리 집 우렁이 각시》 등이 있습니다.

좋은습관 길러주는 생활동화 18

함께. 어울릴. 줄. 아는. 아이로. 키워주는. 책

내 짝꿍이 되어 줄래

글 박혜선 | 그림 이영림

위즈덤하우스

작가의 말

함께 피어 더 아름다운 들꽃처럼

어릴 때부터 말이 많았던 저는 누구에게나 먼저 말을 거는 버릇이 있어요. 어른이 되어서도 이 버릇은 고쳐지지 않았지요.

택배 아저씨를 보면 "날이 많이 덥지요?", 노인정 가는 할머니를 만나면 "허리 아픈데 조심해서 가세요.", 엘리베이터에서 만난 아이에게도 "학원 갔다 오니? 배 많이 고프겠다.", 마트에서 물건을 사는 모르는 아주머니를 만나도 "이 물건 좋아요?"라고 말이지요.

딸이 이런 내 행동을 보고 물었어요.

"엄마 아는 사람이야?"

"아니. 모르는 사람인데?"

"그런데 왜 먼저 말을 걸어? 이상한 사람 취급받게."

물론 이런 제가 이상하다며 슬금슬금 뒷걸음치는 아이들도 있어요. 하지만 웃으며 인사하고 말을 나누다 보면 금방 친해지지요. 친하다는 건 참 좋아요. 그 사람에 대한 배려와 이해의 마음이 생기거든요.

이 책에 나오는 주형이는 친구가 없어요. 주형이에게 친구란 나를 귀찮게 하고, 내 점수를 갉아먹고, 내 시간을 빼앗는 존재일 뿐이지요. 주형이는 누구에게 뭘 빌려 준 적도 없고, 자신도 무언가를 빌리거나 부탁한 적이 없지요. 자기 일은 알아서 혼자 해결하니까요.

하지만 세상을 혼자 살아갈 수 있는 사람은 아무도 없어요. 서로 양보하고 배려하며 도움을 주고받으며 함께 살아가는 거지요.

넓은 들판에 혼자 피어 있는 꽃을 떠올려 봐요. 아름다울까요? 행복할까요? 그렇지 않아요. 들꽃은 함께 필 때 더 아름답지요. 함께 피어 흔들릴 때 더 깊은 향기를 내지요.

저는 여러분이 이런 들꽃이었으면 해요. 유리병에 꽂힌 한 송이 장미는 예쁘긴 하지만 왠지 외로워 보이잖아요. 서로 섞여 향기를 나누고, 함께 살아가는 들꽃처럼 부족한 점은 보태 주고, 배려하는 마음으로 친구가 되어 아름답게 빛나길 바랍니다.

가을의 한가운데에서

박혜선

차례

작가의 말 함께 피어 더 아름다운 들꽃처럼 · 4

말썽꾸러기 3종 세트 · · · 8

스티커 먹는 괴물 · · · 19

온도계로 잴 수 없는 마음 · · · 27

반성문 쓰는 선생님 · · · 35

그 엄마에 그 아들 · · · 47

남자의 눈물 · · · 61

나는 왜 친구가 없을까? · · · 71

부록 **주형이와 함께 친구 찾기** · 78
  1. 나의 이기심 지수 테스트
  2. 배려하는 아이가 되는 법
  3. 와글와글 발언대 '주형이가 내 짝이라면?'

말썽꾸러기 3종 세트

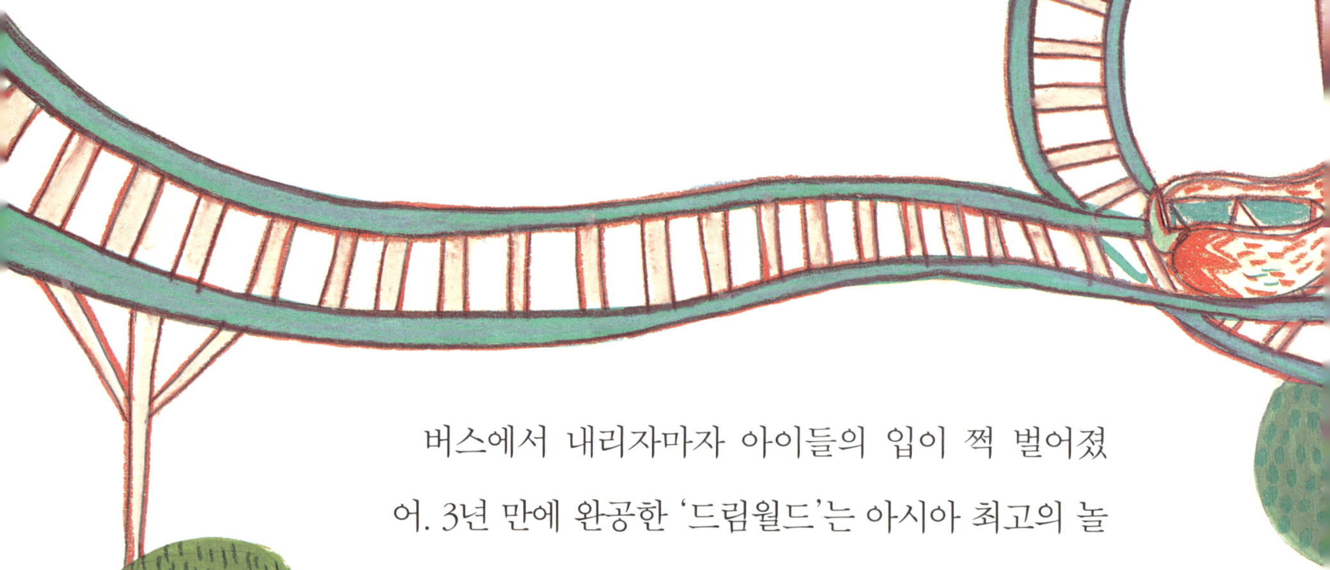

버스에서 내리자마자 아이들의 입이 쩍 벌어졌어. 3년 만에 완공한 '드림월드'는 아시아 최고의 놀이공원이래. 내일 처음 문을 여는데, 우리 반은 오늘 하루 맘껏 놀 수 있는 행운을 얻었어. 나누리 선생님이 보낸 편지가 이벤트에 당첨된 거야.

어마어마한 모래 놀이터에 커다란 미끄럼틀이 보여. 하늘 위로 롤러코스터가 달리고, 숲으로 가는 마차가 달그락거리며 꼬불꼬불 언덕을 오르고 있어.

"우아! 새로 만든 놀이공원은 뭐가 달라도 달라."
"저게 숲 여행 마차인가 봐. 신문에서 봤어."
놀이공원에 처음 온 것처럼 흥분해서 떠드는 아이들 틈에 끼어 있으니 나까지 촌뜨기가 된 것 같아.
"3학년 1반!"
나누리 선생님이 손뼉을 네 번 치며 외치자 흩어져 있던 아이들이 모여들었어. 선생님은 뿔테 안경을 콧등 위로 치키며 아이들의 수를 세기 시작했어.

"하나, 둘, 셋……. 응? 한 명이 모자라네?"

그때 저쪽 놀이공원 매표소 앞에서 안을 기웃거리는 아이가 보였어. 바로 구자명이야.

"구자명, 구자명!"

자명이는 몇 번을 불렀는데도 못 들었는지 놀이 기구만 바라보고 있어. 보다 못한 준혁이가 달려가서 자명이를 데려왔어.

"미안, 미안. 소리를 못 들었어."

또 저 소리. 자명이는 미안하다는 말을 입에 달고 살아. 난 자명이가 정말 미안해서 그 말을 하는 건지, 아니면 습관적으로 말을 내뱉는 건지 궁금할 지경이야. 앞니가 빠진 얼굴로 헤벌쭉 웃으며 뒤뚱뒤뚱 걷는 모습이 꼭 오리 같아.

"자, 여기 보세요."

나누리 선생님은 몇 가지 주의 사항을 이야기했어.

"우리가 바로 이 놀이공원의 첫 손님이에요. 신 나죠? 하지만 절대 위험한 행동을 하면 안 돼요. 모둠별로 꼭 함께 다니고, 모르는 건 놀이공원 안내원에게 물어보세요. 점심은 12시에 저기

딸기 원두막에서 먹을 테니 늦지 말고 모이세요."

아이들은 커다란 딸기가 지붕으로 된 평상 위에 가방을 내려놓고 모둠별로 모여 회의를 했어.

"와, 신 난다!"

빨리 의논하고 다른 모둠처럼 움직여야 하는데, 구자명은 흥분해서 펄쩍펄쩍 뛰어다니기만 했어. 게다가 현지와 서현이는 의논은커녕 이것 탈까 저것 탈까 시끄럽기만 했어. 나는 입을 삐죽거리며 선생님을 찾아갔어.

"선생님, 전 롤러코스터를 타고 싶은데 여자애들이 무섭다며 회전목마를 타겠대요."

"그럼 주형이가 먼저 회전목마를 타는 현지와 서현이를 기다리고, 그 다음 서현이랑 현지가 롤러코스터를 타는 주형이를 기다리면 되겠네."

선생님이 손수건으로 땀을 훔치며 말했어. 씨름 선수처럼 몸집이 커서 아이들이 '고릴라'라고 별명을 지은 선생님은 땀을 많이 흘리셔서 왼손에 늘 손수건을 들고 다녀.

"선생님, 저희도 그렇게 말했어요. 그런데 주형이가 자꾸 고집을 부리잖아요."

현지가 금방이라도 울 것 같은 표정으로 징징거렸어.

"그건 시간 낭비예요. 내가 왜 너희를 기다려야 하냐고."

내 말에 선생님은 물론 현지와 서현이도 나랑 말이 통하지 않는다는 듯한 표정을 지었어. 선생님은 목소리를 가다듬고 나와 눈높이를 맞춰 다시 이야기하셨지.

"주형아, 2모둠 친구들이랑 다시 의논하는 건 어때?"

"싫어요."

내가 구자명처럼 이래도 히히, 저래도 히히 할까 봐? 나는 롤러코스터 쪽으로 성큼성큼 걸어가 버렸어.

"이주형! 야, 이주형!"

친구들이 불러도 돌아보지 않고 앞으로 나갔어. 아마 우물쭈물하며 보고 있던 현지와 서현이는 하는 수 없이 나를 따라오고 있을 거야. 그 뒤를 따라 자명이가 오리처럼 뒤뚱뒤뚱 뛰어오겠지.

내 예상이 맞았어. 셋은 롤러코스터 아래 벤치에서 나를 기다렸어. 어른들은 롤러코스터를 청룡열차라고 부른다지? 바람을 가르며 위로 아래로 오르락내리락하니 정말 용이 되어 하늘을 나는 것 같아. 다음엔 구름 양탄자 차례야. 아이들은 내 뒤를 따라 우르르 몰려왔다 몰려가는 구름 같았어.

다음 놀이 기구를 타기 위해 지도를 확인하고 딸기 원두막 쪽으로 갈 때였어. 준혁이가 다급하게 선생님에게 뛰어갔어.

"선생님, 승표가 없어졌어요!"

미로 숲에 들어갔다 왔는데 아무리 기다려도 승표가 나오지 않는다는 거야.

"얘들아, 우리 모두 승표를 찾아보자."

선생님은 번개처럼 숲 마차가 멈춰 있는 정류장으로 달려갔어. 놀이공원에 아이라고는 우리 반 스물세 명이 전부잖아. 놀다 보면 나타날 텐데 무슨 걱정을 저렇게 한담? 승표는 분명 미로 숲을 벗어나 엉뚱한 짓을 하고 있을 거야. 선생님은 승표에게 호기심 천재라는 별명을 지어 줬지만, 그 호기심은 엉뚱한

곳에서만 빛나는 것 같아.

"저, 저기!"

나무 위를 보던 영랑이가 소리쳤어. 승표가 나무에 달랑달랑 매달려 있었어.

"조승표!"

그 소리에 놀란 승표가 주르르 미끄러지다가 간신히 나뭇가지를 붙잡았어. 가지가 심하게 흔들렸어.

"승표야, 괜찮아. 괜찮으니까 아래로 살짝 발을 내려. 선생님이 받쳐 줄게."

선생님이 승표를 안심시키며 승표의 다리를 잡아 안전하게 땅으로 내려 줬어. 선생님과 아이들 모두 그제야 안도의 숨을 내쉬었어.

"새알이 있나 알아보려 했는데……."

뭐야? 자기 때문에 놀이 기구도 못 타고 있는데 새알 타령이라니! 나는 승표를 말없이 노려보았어. 봐, 벌써 점심시간이잖아. 밥 먹으면 이제 돌아가야 한다고.

"우리 반 말썽꾸러기 3종 세트, 많이 먹어라."

선생님이 김밥을 집어 들며 말했어. 그런데 왜 나를 보는 걸까? 두 명은 구자명과 조승표일 테고, 나머지 한 명은 누구지?

"누구요? 누군데요?"

난 궁금해서 견딜 수가 없었어.

"누구긴 누구야. 바로 너 이주형이지."

"맞다, 맞아!"

선생님 말에 아이들이 깔깔 웃으며 맞장구쳤어. 난 화가 나서 얼굴이 붉으락푸르락 달아올랐어. 내가 왜 구자명, 조승표랑 같은 취급을 받느냐고!

"선생님, 정말 세트 메뉴 같아요. 주형이가 빨간 떡볶이, 조승표는 둘둘 말아 놓은 김밥, 바로 옆에 순대 같은 구자명."

"하하하! 떡볶이, 김밥, 순대. 정말 잘 어울린다."

아이들이 배꼽을 잡고 웃었어. 아무리 농담이래도 기분 나빠. 나를 저 말썽쟁이들과 한 접시에 오르는 떡볶이쯤으로 생각하다니! 정말 매운 맛 좀 보여 줘?

스티커 먹는 괴물

 이건 처음부터 잘못된 만남이야. 구자명과 같은 모둠이 되었을 때 내가 좀 더 열심히 하면 되겠지 했는데 다 틀렸어. 내가 아무리 잘해도 구자명 때문에 되는 일이 하나도 없잖아.

 선생님은 우리 모둠에 왜 하필 구자명을 보낸 걸까? 앉은 자리대로 정하면 원래 조영랑이 우리 모둠이어야 한다고. 영랑이가 목소리가 크고 힘이 세지만 여자 중에서는 제일 똑똑하니까 우리 모둠에 오면 딱인데.

 "잠깐, 2모둠은 여자가 셋이네? 그럼 주형이가 외로울 텐데…….."

여러 모둠을 둘러보던 선생님이 3모둠에 시선을 고정했어. 3모둠에는 조승표와 김준혁, 구자명과 진승희가 있었지. 선생님은 곰곰이 생각하더니 마침내 구자명 이름을 불렀어.

입이 오리처럼 삐죽 나와 있던 승희는 구자명이 빠진 자리에 조영랑을 보내자 축구 선수가 골 뒤풀이를 하는 것처럼 손등에 입을 맞추며 좋아했어. 반대로 우리 모둠 현지와 서현이는 아쉬운 듯 영랑이에게 손을 흔들었지.

"우리 고장의 자랑거리를 모둠별로 조사해 왔죠?"

사회 시간, 고장의 자랑거리를 발표할 차례야.

난 인터넷으로 자료를 찾아 엄마 앞에서 연습도 했지. 임금님께 진상했다는 먹골배와 옛날 통신 수단인 봉수대, 거기에 어린이날을 만든 소파 방정환 선생님의 무덤까지 직접 가서 사진도 찍었어.

선생님은 혼자 하는 숙제가 아닌 만큼 모둠원이 모두 함께 하라고 했어. 하지만 시간을 맞추기도 힘들고 이 집에서 모일지, 아니면 저 집에서 모일지 쓸데없이 상의하는 것도 싫었어. 잘 모르는 집에 가서 처음 본 아주머니에게 웃으면서 인사하는 것도 딱 질색이야. 숙제는 고작 10분 하고, 노는 건 1시간인 모둠 숙제 따위 정말 싫어. 차라리 혼자 후딱 해치우고 컴퓨터 게임을 하는 게 훨씬 낫지.

"2모둠 발표해 보자. 모둠장 이서현! 누가 발표하기로 했니?"

'이서현, 나!'

나는 마음속으로 외치며 서현이를 쳐다봤어. 그런데 구자명이 손을 번쩍 들지 뭐야? 가만두면 자명이가 우리 모둠의 칭찬 스티커를 다 뜯어 먹고 말 거야. 그럴 순 없지. 나는 벌떡 일어났어.

"선생님, 제가 할게요."

"2모둠 적극적인걸! 좋아, 그럼 구자

명과 이주형이 조사한 내용 중에서 겹치는 것 빼고 나눠서 발표하렴."

나누리 선생님은 이름처럼 별걸 다 나눠 준단 말이야. 나와 구자명이 조사한 내용 중 겹치는 건 하나도 없었어. 같은 동네 자랑거리인데 달라도 너무 달랐지. 자명이는 뭐가 좋은지 앞니가 빠져 정확하지도 않은 발음으로 자기가 조사한 내용을 읽기 시작했어.

"우리 아파트에는 강아지를 키우는 사람이 많습니다. 우리 앞집도 치와와를 키우고, 우리 9층 할머니는 시추를 키웁니다.

학교에서 돌아올 때면 나무 의자에서 놀고 있던 강아지들이 반갑다고 꼬리를 흔듭니다. 어떤 강아지는 나를 보고 너무 좋아서 오줌을 질질 쌀 때도 있습니다. 애완견을 많이 키우는 우리 마을, 정말 자랑스럽습니다."

교실이 웃음바다로 변했어. 그 웃음소리에 휩쓸려 녀석도 둥둥 떠내려가면 좋겠어. 바보 구자명. 강아지를 많이 키우는 게 우리 고장의 자랑거리라니! 진돗개로 유명한 진도도 아닌데 강아지 타령을 하고 있으니 정말 웃음밖에 안 나왔어.

"잘했어, 구자명. 아주 재미있게 해 왔구나. 다음은 이주형."

칭찬해야 하는 의무라도 있는 것처럼 나누리 선생님은 뭐든지 잘했다고 칭찬부터 한단 말이야. 그 말을 곧이곧대로 믿고 헤벌쭉 웃는 구자명 좀 봐. 정말 한심해서 못 봐주겠네. 구자명이 우리 모둠을 망신시킨 걸 내가 한 방에 날려 줄 테다.

나는 스케치북을 펼친 다음 사진과 그림을 보며 설명을 시작했어. 여기저기서 아이들이 감탄하는 소리가 들렸어. 당연하지. 나처럼 이렇게 완벽하게 숙제한 사람은 없을걸. 방정환 선생님 무덤이 있는 공원을 보여 줄 때였어.

"나도 만날 아빠랑 저 공원에서 산책하는데 왜 못 봤지?"

한 아이가 자기 머리를 통통 치며 말했어. 선생님도 나를 흐뭇하게 바라보셨지. 발표를 마치니 현지와 서현이까지 박수를 쳤어. 하기야 나처럼 똑똑한 모둠원을 만나는 게 쉽진 않지. 나는 인사한 다음 반듯하게 자리에 앉았어.

"그런데 둘이 달라도 너무 다르다. 어떻게 조사한 거야?"

"제가 한 거예요. 저 혼자."

자명이가 자랑스러운 표정으로 손을 자기 가슴에 갖다 대며 말했어. 순간, 선생님의 얼굴이 일그러지는 거야. 내가 정말 구자명 때문에 못 살아. 그걸 그렇게 말하면 어떻게 해?

"2모둠은 함께 모여서 조사한 게 아니야?"

"네……."

현지와 서현이가 기어들어가는 목소리로 대답했어.

"같이 모일 시간을 못 맞춘 거니?"

"주형이가 각자 알아서 해 오라고 했어요."

모둠장 이서현도 구자명이랑 짝이 되더니 닮아 가는 걸까? 내가 한 말을 그대로 선생님께 고자질하다니, 이제 누굴 믿고 2모둠에서 견뎌야 할지.

칭찬 스티커 3개가 떨어져 나갔어. 구자명이 손을 든 대가치고는 너무 끔찍했어. 어제는 모둠별 준비물을 챙겨 오지 않아서 스티커를 떼이고, 그제는 수업 시간에 떠들어서 떼이고……. 내가 죽어라 하고 스티커를 벌어 오면 순식간에 떼먹는 구자명!

"미안해. 준비물을 깜빡했어."

"미안해. 내가 조사를 깜빡 까먹고 못 해 와서."

맨날 깜빡, 깜빡, 깜빡, 깜빡! 구자명 때문에 스티커가 하나씩 내 눈앞에서 사라질 때마다 내 마음이 얼마나 아픈지 누가 알겠어? 같은 모둠인 현지와 서현이도 모를 거야. 알면 셋이 저러고 장난치며 놀 수 없겠지. 난 남에게 피해를 입히는 저런 애들이 세상에서 제일 싫어. 우리 엄마 말대로라면 저러다 왕따 당하기 십상이라니까.

온도계로 잴 수 없는 마음

아무래도 우리 반 아이들은 모두 나를 괴롭히려고 모인 것 같아. 과학 시간이었어. 온도계를 들고 운동장으로 나갔지. 운동장 한가운데 온도와 나무 그늘의 온도 차이를 알아보기 위해서였어. 운동장 왼쪽에 있는 테니스장과 화단도 재기로 했어.

나는 표를 만들어 잰 온도를 기록하고 있었어. 그런데 온도계가 사라진 거야. 귀신이 나타난 것도 아니고, 온도계에 발이 달린 것도 아니고 이게 무슨 일이람? 범인은 바로 조승표였어.

"나뭇잎의 온도는 몇 도일까?"

조승표가 단풍나무 잎에 온도계를 대고 온도를 재고 있는 게 아니겠어?

"돌멩이의 온도는?"

"내 신발 바닥 온도와 신발 바닥이 닿은 땅의 온도는 같을까, 다를까?"

흥, 저런 걸 바로 상상력 천재라고 하는구나? 운동장을 이리저리 뛰어다니며 눈에 보이는 것마다 온도를 재는 조승표 때문에 혈압이 올랐어.

나는 할 수 없이 나누리 선생님께 사실대로 말했어. 선생님은 웃으면서 테니스장 옆에 쪼그리고 앉아 있는 조승표를 부르려다 말고 내게 또 다른 온도계를 주셨어.

"아직 덜 쟀으면 이걸로 하렴."

이 기분은 뭘까? 선생님이 승표를 불러 혼낼 줄 알았는데 오히려 녀석을 보며 웃다니…….

"별 걸 다 이른다."

오히려 나를 꾸짖는 것 같아.

운동장 가운데 나 혼자만 덩그렇게 서 있었어. 아이들이 조승표 쪽으로 우르르 몰려가 왁자지껄 떠드는 게 보였어. 나도 그쪽으로 걸어갔어. 절대 궁금해서 다가간 건 아니야. 테니스장의 온도를 재기 위해서라고.

"나방은 빛을 싫어해. 그래서 나뭇잎으로 덮어 주는 거야."

승표의 말에 여자아이들이 징그럽다며 비명을 질렀어.

"어디서 잡은 거야?"

"날개를 다쳤나 봐. 땅바닥에서 개미들의 공격을 받고 있지 뭐야."

승표가 나방을 움직일 때마다 '꺅꺅' 비명을 지르고 온몸을 떨면서 끝까지 지켜보는 건 뭐지? 나는 그 속에 영랑이가 있다는 게 더 마음에 안 들었어. 영랑이는 다른 여자아이들과는 좀 다를 줄 알았거든.

아이들을 지나쳐 테니스장으로 들어가는데 나를 발견한 김준혁이 외쳤어.

"야, 조승표! 이주형도 한번 재 봐. 진짜 궁금하단 말이야."

"내가 왜 네 궁금증을 풀어 줘야 하는데? 그런 거 궁금해할 시간에 어떻게 하면 구구단을 잘 외울까 그런 고민이나 하시지."

"얘들아, 주형이 말하는 것 좀 봐. 쟤는 보나마나 영하로 뚝 떨어질 거야."

속이 부글부글 끓어올랐어. 감히 나, 이주형을 건드리다니! 나는 땅바닥을 발로 찼어. 흙먼지가 확 일자 모여 있던 아이들이 뒤로 물러나 눈을 비볐어.

"치사해, 이주형. 너 일부러 그랬지?"

"아니. 난 지금 그냥 걸어가는 중인데?"

너희들은 아무리 머리를 써도 나를 못 이겨. 눈에 모래가 들어갔는지 현지가 빨간 토끼 눈이 되어 눈물을 흘렸어. 서현이가 현지 옆에 붙어 "괜찮아? 괜찮아?" 하며 눈을 호호 불었어.

"이주형은 정말 어떤 애일까?"

여러 목소리 속에 영랑이의 목소리가 들렸어. 나? 공부 잘하고, 특히 수학은 5학년 문제도 척척 풀고, 자기 할 일 알아서 하고, 축구도 수준급에, 남에게 피해 주지 않고, 먼저 건드리지 않으면 절대 싸우지 않는 신사 중의 신사지. 마지막 '신사'는 사실 우리 엄마가 나한테 자주 하는 말이야. 엄마는 늘 나에게 신사답다고 칭찬하시거든.

테니스장 온도를 다 재었을 때 선생님의 호루라기 소리가 들렸어.

"어머 어떻게 해. 나, 나무 밑 온도 아직 못 쟀는데. 현지야, 좀 보여 줘."

"19도로 나왔어. 얼른 적어."

김현지와 이서현, 둘의 우정은 너무 아름다워 눈물이 날 지경이야. 그걸 내가 그냥 두고 볼 순 없지.

"선생님, 김현지가 이서현한테 온도를 불러 줬어요."

순간, 아이들의 눈이 모두 내게 쏠렸어. 바람도 한 점 없고 등나무 아래 있어도 후덥지근한 날씨야. 날파리들이 눈앞에서 어른거려 손으로 쫓아내도 계속 달라붙었어. 갑자기 가슴이 답답

해졌어. 아마 더워서 그런 걸 거야.

"누가 단짝 아니랄까 봐."

선생님은 이 한마디로 웃어넘기고는 급식 먹기 전에 손을 깨끗이 씻으라고 했어.

"으흐흐, 나방 만진 손이다!"

승표가 장난스러운 표정으로 여자아이들에게 손을 들어 보이자 여자애들이 승표에게 달려들었어. 나는 맞으면서도 뭐가 좋은지 실실 웃는 승표를 뒤로하고 수돗가로 걸어갔어. 왠지 뒤통수가 따가웠어.

"야, 이주형은 이 온도계로 잴 수 없는 몸이야."

"맞아, 맞아. 혹시 냉혈 인간 아닐까?"

영랑이 목소리였어. '냉혈 인간'이라는 단어를 쓸 줄 아는 애는 책을 좋아하는 영랑이밖에 없을 테니까. 갑자기 몸에 열이 나는 것 같았어. 내 몸의 온도는 몇 도일까? 부글부글 끓어올라 온도계가 폭발할지도 모르는데 냉혈 인간이라니!

반성문 쓰는 선생님

매월 마지막 수요일 4교시는 도서관에서 책을 읽는 시간이야. 아이들은 각자 읽고 싶은 책을 뽑아 조용히 책을 읽었어. 나누리 선생님도 동화책에 푹 빠져 있었지. 얼음 거인과 윌리가 개 썰매 대회에 참가하는 동화인데 나도 읽어서 알고 있어.

"번개야, 너만 믿는다."

혼자 중얼거리며 책장을 넘기던 선생님은 손에 땀이 나는지 바지에 손바닥을 쓱쓱 닦았어. 곧 개 썰매 대회 시작을 알리는 신호탄이 터지는 장면이 나올 거야.

그런데 신호탄은 내 앞에서 터졌어. 나는 다른 책을 고르려고 일어나 나가려다 그만 의자에 걸려 넘어지고 말았어. 눈물이 핑 돌 만큼 아프고 찌릿했어. 난 옆으로 삐죽 나온 의자를 노려보다 발로 뻥 차 버렸어.

"탕!"

의자가 바닥에 쓰러졌어. 나누리 선생님이 스프링이 팅기듯 자리에서 벌떡 일어나 나를 보셨어. 신호탄이 책 속이 아니라 책 밖에서 울렸으니 놀랄 만도 하지.

바닥에는 의자가 넘어져 있고, 그 옆에서 나는 씩씩거리고 있었지. 무릎이 아직도 욱신욱신 찌릿찌릿 아팠어. 도서관 선생님도 놀라 달려왔어.

"주형아, 어떻게 된 거야?"

선생님은 평소 고릴라처럼 목소리와 웃음소리가 크지만 도서관이기 때문에 소곤소곤 물었어.

"승표가 의자를 넣지 않고 나가는 바람에 제가 걸려 넘어졌어요."

그나저나 승표는 어디 간 거야? 도서관을 둘러보던 아이들은 저기 책장 사이에 쪼그리고 앉아 킥킥거리며 책을 읽고 있는 승표를 발견했어.

"조승표!"

현지가 작은 소리로 승표를 불렀어.

그런데 수업 시간에는 잠시도 가만있지 못하고 엉덩이를 들썩이는 승표가 지금은 웬일인지 책에 빠져 꼼짝도 하지 않는 거야. 현지가 승표가 읽던 책을 빼앗자 그제야 무슨 일이냐며 고개를 들었지.

나누리 선생님은 우선 도서관 선생님께 사과하고 우리를 데리고 교실로 올라갔어. 도서관에서는 큰 소리로 혼낼 수 없으니까 .

"그래서 의자를 밀었단 말이니?"

교실로 들어서자 선생님의 목소리가 다시 고릴라처럼 커졌어.

"민 게 아니라 찼어요. 일어났으면 의자를 밀어 넣고 다녀야 하는 거잖아요. 그런 행동은 다른 사람에게 피해를 준다고 하셨잖아요. 그런데 승표는 다른 사람 생각은 하지 않고 의자를 그대로 둔 채 가서 제가 넘어졌다고요."

나는 막힘없이 또박또박 말했어. 내 말이 다 맞으니까.

"대단하다, 이주형. 말로 싸우면 아마 선생님도 이길 거야."

"맞아, 그래서 난 주형이랑 말하기 겁나."

등 뒤에서 수군거리는 소리가 들렸어. 아닌 게 아니라 지금까지 나와 말싸움에서 이긴 친구는 없었어. 똑똑하고 발표를 잘하는 현지도 지우개 사건으로 싸우다 끝내 울고 말았지.

"주형이 입 속에는 실타래가 들어 있을 거야. 풀면 풀수록 툴툴툴 풀려 나오는 실……."

"입만 열면 툴툴툴툴, 불만이잖아."

"화장실 냄새는 너무 지독해."

"다들 왜 이렇게 축구를 못해?"

"맞아, 맞아. 거기다 자랑은 또 얼마나 하는지 정말 못 들어 주겠어."

"난 구구단도 줄줄 외우거든."

"영어는 너무 쉬워."

"이렇게 두꺼운 책 읽어 봤냐?"

아이들은 내가 한 말을 목소리까지 흉내 내며 쑥덕거렸어.

선생님은 나를 빤히 바라보며 한참 동안 아무 말이 없었지. 내가 아이들 말을 꼭 들어야 하는 것처럼 수군거림이 끝날 때

까지 기다렸어. 그러고는 다시 도서관 사건으로 돌아갔지.

"주형이 네 말대로 의자를 빼놓고 그냥 간 건 승표가 잘못한 거야. 그런데 네가 대신 의자를 밀어 넣으면 어땠을까?"

"제가 왜요?"

선생님이 뽀글 머리를 손가락으로 헝클어트리더니 다시 다듬었어. 머리를 헝클어트리는 건 선생님이 무지 화났다는 뜻이야. 하지만 머리를 다시 다듬은 걸 보니 화를 누르고 마음을 가다듬었나 봐. 공부는 물론 운동이면 운동, 말이면 말, 모두 잘하는 나는 별로 혼날 일이 없지만, 선생님이 아이들을 혼낼 때 자주 이러시거든.

"이주형, 친구들에게 연필을 빌려 준 적 있니?"

"없어요."

"그럼 누가 너한테 빌려 달라고 한 적은 있니?"

"없어요."

"너한테 뭘 부탁한 친구가 단 한 명도 없다는 거지?"

"네."

나는 선생님이 왜 이런 걸 묻는지 알 수 없었어. 남에게 부탁하는 게 좋은 일은 아니잖아.

"주형아, 미안해. 난 책만 골라서 금방 오려고 했거든. 그런데 너무 재미있어서 그 자리에서 읽다가 그만……."

얼굴에 걱정이라곤 하나 없어 보이는 승표가 내게 사과했어.

"이번엔 주형이가 친구들에게 사과해."

"전 잘못한 게 없어요."

나누리 선생님이 안경을 올리며 말했어.

"공공장소에서 소란을 피운 것, 화가 난다고 의자를 찬 것, 그래서 친구들에게 피해 준 것. 이게 오늘 네가 친구들에게 사과해야 하는 이유야."

나는 입술을 깨물었어. 잠시 침묵이 흘렀어. 누군가 침을 꼴깍 삼키는 소리가 들릴 정도로 조용했지.

"내가 주형이에게 사과하는 방법을 가르쳐 주지 않았구나."

선생님이 힘없이 돌아섰어. 알림장도 쓰지 않고 집으로 가라고 하셨어. 아이들은 이게 다 나 때문이라며 쑥덕거렸어.

난 친구들 앞에서 망신을 준 선생님이 미웠어. 도대체 내가 왜 사과해야 해? 처음부터 의자가 밖에 나와 있지 않았다면 나는 넘어지지 않았을 테고, 그럼 아무 일도 일어나지 않았을 거야. 그러니까 이건 다 조승표 때문이라고!

"이주형은 항상 자기 맘대로야."

"맞아, 사과할 줄도 모르나 봐."

가방을 들고 복도를 나오는데 수군거리는 소리가 들렸어.

주먹을 불끈 쥐고 뒤를 휙 돌아봤지.

늘 붙어 다니는 준혁이와 정우, 지호였어. 지난번 날 축구에 끼워 주지 않고 자기들끼리만 놀던 그 셋.

그때 난 녀석들 앞에서 보란 듯이 공으로 묘기를 부렸지. 왼발로 공을 끌어 올린 다음 오른발로 차는 것까지 성공시켰어. 그런 나를 정우가 입을 헤벌리고 부러운 눈으로 쳐다본 거 다 알아. 그런데도 끝까지 나를 불러 함께 놀자고 하지 않았지. 괘씸한 녀석들.

"축구를 아무리 잘해도 혼자 뛰면 무슨 재미."

지금 나 들으라고 하는 소리지?

"김준혁! 두 자리 덧셈도 다 틀리는 주제에 뭐라고?"

"저 봐, 또 잘난 척하잖아. 흥!"

준혁이가 아이들과 어깨동무를 하고 지나가며 '메롱' 하고 혀를 내밀었어. 난 뒤쫓아 가 따지려다 그만두었어.

난 잘못한 게 없어. 그런데 다들 왜 나한테 뭐라고 하지?

문득 교실에 미술 숙제를 두고 온 게 생각났어. 수업 시간에 지점토로 인형을 만들었는데, 집에서 마저 완성해 내일 가지고 오라셨거든.

　나는 다시 교실로 올라갔어. 나누리 선생님이 혼자 남아 공책에 무언가를 쓰고 있었어. 아이들은 모두 돌아가고 아무도 없었지. 사물함 위에 올려놓은 지점토를 들고 나오는데 선생님이 나를 불렀어.

　"오늘 많이 속상했지?"

　당연한 말씀! 괜히 따돌림 당하는 것 같아 눈물이 핑 돌았다고 말하려다 관뒀어. 선생님이 공책을 넘기며 물었어.

　"이게 뭔 줄 아니?"

　일기장인가? 공책은 선생님 글씨로 빼곡히 차 있었어.

　"반성문이야. 오늘 혹시 내가 아이들에게 잘못한 건 없나, 내가 한 말 때문에 우리 반 아이가 상처받지 않았나……."

　선생님이 휘리릭 앞으로 몇 장 넘기더니 내게 보여 줬어. 내가 선생님의 뽀글 머리가 사자 머리 같아서 공부에 집중이 안 되고 너무 촌스럽다고 한 날 쓴 것 같았어.

"그날, 미용실에 들러 머리를 풀고 나오는데 도저히 어색해서 안 되겠더라고. 그래서 다시 돌아가 파마를 하고 너에게 쓴 편지야."

> 주형아, 선생님 한 번만 봐줘라. 뽀글 머리는 어쩔 수 없지만, 대신 마음은 촌스럽지 않게 노력할게. 센스 있고 재미있는 선생님, 너희들과 말이 잘 통하는 친구 같은 선생님이 되기 위해 너희 말에 귀를 더 쫑긋 세울게.

반성문 공책은 엄청 두꺼웠어. 아이들에게 반성문을 쓰라고 시키는 건 봤어도 선생님이 반성문을 쓰는 건 처음 봤어. 누가 우리 선생님에게 반성문을 쓰라고 했을까? 교감선생님? 교장선생님? 아니면 선생님 스스로? 정말 알 수 없는 분이야.

그 엄마에 그 아들

"아들! 엄마, 저녁 준비한다."

우리 엄마야. 내가 초등학교에 입학한 날부터 대학 병원의 수간호사 일도 접고 내 뒷바라지를 하셨지. 엄마가 저녁을 준비할 때면 나는 방에서 하던 숙제를 들고 식탁으로 나와. 깊은 밤에도 잠든 나를 바라보다가 내가 뒤척이면 등을 토닥이며 다시 재우는 엄마……. 엄마는 식탁에 앉아 나와 이야기하는 걸 좋아해.

"오늘은 구자명이 사고 안 쳤니?"

"만날 똑같지, 뭐. 준비물 안 챙겨 오고 숙제 안 해서 우리 모둠 스티커 다 떼이게 만들고."

"어쩜 좋니? 그런데 자명이 엄마도 이 사실을 알아야 하지 않을까? 혹시 구자명이 혼날까 봐 엄마에게 말을 하지 않았을 수도 있잖아."

엄마는 구자명을 꼭 자기 아들처럼 걱정했어. 그런데 자명이 엄마도 자명이처럼 깜빡깜빡하고 대충 넘어가는 성격 아닐까?

어제는 자명이가 코딱지를 팠어. 그 손으로 선생님이 주신 초콜릿을 까먹더니 종이를 핥고는 손가락까지 쪽쪽 빨았어. 나는 구역질이 나서 속이 울렁거렸어. 서현이는 그것도 모르고 자명이한테 연필과 지우개를 빌려 주지 뭐야. 내가 그 사실을 말했다면 아마 지우개와 연필은 쓰레기통에서 꼭 껴안고 최후를 맞이했을 거야.

"자명이 오늘 태도가 정말 좋구나. 뒤도 돌아보지 않고."

나누리 선생님이 수학 시험지를 돌려주며 나와 자명이에게 초콜릿을 나눠 주셨거든. 자명이가 내 초콜릿에 손을 댄 것도

아닌데 자명이와 같은 초콜릿을 먹는다고 생각하니 다시 속이 메슥거렸어. 그래서 초콜릿을 몰래 쓰레기통에 버리려는데 자명이가 낚아채며 날름 입에 넣는 거야.

"그럼 내가 먹을게."

나는 화장실로 달려가 수업종이 울리는 줄도 모르고 계속 손을 씻었어. 뽀드득 뽀드득 소리가 날 때까지.

"주형아, 너 정말 힘들겠다. 너희 반 애들은 어쩜 하나같이 다 말썽쟁이니?"

엄마의 말 한마디에 기분이 스르르 풀리긴 했지만 난 정말 우리 반 아이들이 싫어. 지저분하고, 시끄럽고, 남의 물건 함부로 쓰고, 가만히 있는 나한테 시비나 걸고.

"주형아, 내일 참관수업 때 엄마가 선생님 잠깐 만나 뵐까?"

나누리 선생님은 내 얘기를 잘 듣지 않는 것 같아. 내가 어떤 아이의 나쁜 점을 지적하면 나보다 그 애 편을 드는 것 같아 기분이 나빠. 내 이야기를 다 들어 보지도 않고 싹둑 잘라 버릴 때도 있거든.

그렇다고 선생님이 아무 때나 가위를 휘두르는 건 아니야. 1분이면 끝날 걸 30분이나 늘려 말하는 구자명의 이야기를 끝까지 들어 줄 정도로 인내심이 대단하시니까. 엉뚱하기로 1등인 조승표가 수업 시간에 노래를 부르면 혼내기는커녕 앞에 나와서 부르라고 하는걸? 그러니까 구자명 엄마나 조승표 엄마라면 몰라도 우리 엄마 이야기는 나처럼 싹둑 잘릴지도 몰라.

참관수업을 하는 날은 엄마들이 패션쇼를 하는 날이기도 해. 우리 엄마도 장롱 깊숙이 넣어 둔 명품 가방을 꺼내고 노랑나비처럼 하늘하늘한 원피스를 입고 학교에 나타났지.

"오늘은 우리 동네의 친절 상가를 뽑기로 했죠?"

나누리 선생님의 패션은 오늘도 똑같아. 뽀글 머리에 뿔테 안경, 왼손에 든 손수건까지.

참관수업을 하니 아이들이 다른 때보다 손을 더 많이 들었어. 또각또각 구두 소리에 뒤쪽이 궁금했지만 구자명처럼 행동할 수는 없지. 자명이는 3초에 한 번씩 뒤를 돌아봤어. 서현이

도 '엄마가 오셨나?' 하는 표정으로 뒷문 쪽으로 고개를 돌리며 힐끔거렸어. 현지는 자기 엄마에게 손을 흔들기까지 했어.

"저는 우리 상가 문방구 아저씨를 추천합니다. 아침마다 아이들이 몰려들어 이거 달라 저거 달라 정신없이 말해도 웃으면서 다 꺼내 주시니까요."

영랑이의 발표가 끝나자 준혁이가 손을 들었어.

"저는 화장품 가게 아줌마요. 엄마 따라 가게에 갈 때마다 요구르트를 주시거든요."

하여튼 준혁이는 먹는 것밖에 모른다니까.

"다음은…… 서현이가 발표해 볼까?"

"저는 우리 아파트 경비 아저씨에게 고마움을 느낍니다. 경비 아저씨는 제가 무슨 부탁을 해도 다 들어주십니다. 학교 앞에서 산 병아리를 닭으로 키워 주시고, 죽어 가는 식물도 살려 놓으시죠. '아저씨 이것 좀 도와주세요.' 하면 언제나 '그래그래.' 하세요. 그래서 별명이 '그래그래 아저씨'가 되었답니다. 그리고 아저씨는 어르신을 위해 아파트 입구에 의자도 준비해 놓으셨어요. 지팡이를 짚고 노인정 다녀오시는 정우 할머니가 그 의자의 단골손님이지요. 언제나 남을 위해 배려하는 경비 아저씨의 마음을 저도 닮고 싶습니다."

"우아!"

뒤에서 지켜보던 엄마들이 감탄하며 박수를 쳤어.

또박또박 읽기는 잘했지만 난 서현이 글이 별로 마음에 들지 않았어. 내 마음을 읽은 것일까? 나누리 선생님이 내게 서현이 글에 대한 느낌을 말해 보라는 거야.

"전 경비 아저씨의 행동이 당연하다고 생각합니다. 경비 아저씨는 아파트 주민을 지키고 불편한 점을 해결하기 위해 있는 사람이기 때문입니다."

내 말이 끝났는데 박수 소리가 들리지 않았어. 뒤를 보니 엄마가 박수를 치려다 말고 실망한 표정을 짓고 있었어. 게다가 아주머니들끼리 귓속말로 속닥이는 게 보였어. 어른들도 아이들이랑 똑같아. 왜 귓속말을 하는지 몰라.

참관수업이 끝나고 우리 집에 몇몇 아주머니들이 모였어. 승표랑 현지, 그리고 서현이 엄마였어. 난 집에 누가 오는 걸 좋아하지 않아. 책을 읽는 동안 친구들이 내 물건을 만질까 봐 신경이 쓰였어.

"주형이는 이 많은 책을 다 읽었나 봐요."

현지 엄마가 거실 책꽂이에 가득한 책을 보며 부러운 목소리로 말했어.

"네, 주형이는 노는 게 책 읽는 거예요. 그런데 우리 반 분위기는 좀 어때요? 제가 통 학교 생활을 몰라서……."

엄마가 차를 내오며 다른 엄마들에게 물었어.

"모두 잘 지내는 것 같아요. 선생님께서 친구처럼 편하게 대하시니 아이들도 학교 가는 게 즐거운가 봐요."

현지 엄마가 대답했어. 현지가 임원이라 현지 엄마도 학교에 자주 가는 편이야. 선생님을 도와 학급 게시판도 꾸미셨지.

"그런데 자명이 말이에요, 너무 말썽을 피우지 않나요? 준비물도 안 챙기고 수업 시간에도 딴짓만 하고. 한번 말씀드려야 하지 않을까요? 그러다 친구들이 싫어하면 어쩌려고."

엄마의 말에 세 아주머니가 모두 나를 쳐다봤어. 내가 마치 구자명이라도 되는 것처럼 말이야.

"자명이 성격 좋아요. 착하고 친구들한테 양보도 잘하는걸요. 또래에 비해 좀 어린 것 같지만 순진하고 예쁜 아이예요."

"현지는 자명이가 귀엽다며 같은 모둠이 되자 무척 좋아하더라고요."

엄마는 이해할 수 없다는 표정을 지었어.

"저 주형 엄마……."

승표 엄마가 무슨 이야기를 하려다 멈췄어.

"네? 무슨?"

"아니에요. 주형이가 공부도 잘하고 축구도 잘한다고 소문이 자자해요. 거기다 태권도도 수준급이라면서요?"

"뭘요, 남자애라 강하게 키우려고 운동 좀 시켰어요. 공부는 자기가 알아서 하는걸요, 뭐."

기분이 좋은지 엄마의 목소리가 높아졌어. 엄마는 우리 반 아이들에 대해 하나라도 더 알고 싶은지 수박 화채를 내오며 질문을 이어 갔어.

"그런데 선생님께 버릇없이 굴고, 아이들이랑 싸우거나 잘 어울리지 못하는 아이도 있다면서요? 그 엄마는 얼마나 속상할까요?"

"네, 주형이요!"

로봇을 가지고 놀던 승표가 툭 껴들었어.

"뭐? 우리 주형이?"

그런데 승표 엄마가 급히 승표의 입을 막으며 학원에 가야 한다고 일어섰이. 헌지와 서현이네도 유치원에서 동생이 돌아올 시간이라며 갑자기 서두르지 뭐야.

다들 가고 난 뒤 엄마가 수박 화채를 벌컥벌컥 들이켰어. 나도 속이 답답해서 같이 마셨어.

"주형아, 승표 말이 무슨 뜻이야?"

이런 건 처음이야. 엄마가 우리 반 아이들과 똑같은 표정으로 내게 물었어. 그런 표정으로 묻는데 내가 무슨 말을 하겠어? 나는 입을 다물고 거실 바닥에 흩어진 장난감만 노려보았어.

"오늘 네가 발표하는 걸 보고 사실 조금 놀랐어. 우리 아들이 경비 아저씨에 대해 저렇게 생각하고 있었나 싶어서. 엄마는 그 아저씨가 우리 아파트 경비 아저씨면 좋겠다고 생각했는데……."

엄마는 빈 그릇을 들고 부엌으로 갔어. 이상하다? 다른 때 같으면 분명 이렇게 말했을 텐데.

"정말 그 엄마에 그 아들이네. 우리 주형이가 그런 애라고? 말도 안 돼."

남자의 눈물

오늘 나는 처음으로 아이들 앞에서 눈물을 보이고 말았어. 짝꿍 바꾸기 때문이었지.

"쪽지에 같이 앉고 싶은 친구를 적는 거야. 여자는 남자를, 남자는 여자를 두 명까지 적을 수 있어."

짝꿍을 바꾸는 방법은 여자아이들이 낸 아이디어였어. 1반과의 피구 대회에서 이긴 기념으로 자기들의 소원을 들어달라고 몇 번이나 졸랐거든.

"선생님, 이건 완전 인기투표잖아요."

그때 준혁이가 벌떡 일어나서 여자애들에게 몸을 꾸뻑 숙였어. 자기를 뽑아 달라는 뜻이었지. 유치한 녀석. 나는 같이 앉고 싶은 여자아이가 없었어. 그래도 누군가를 적어야 한다면 조영랑을 쓰기로 했지. 그리고 다음 칸은 비워 두었어.

두두두두…… 표를 거둔 후 아이들은 긴장되는지 책상을 두드렸어. 나누리 선생님도 떨린다며 가슴을 쓸어내리는 시늉을 했어.

과연 누가 누구의 짝이 될까? 여러 명이 한꺼번에 한 아이를 선택하면 그 아이가 직접 고를 수도 있대. 영랑이하고 짝이 되면 좋지만 다른 애가 돼도 상관하지 않기로 했어. 다 거기서 거기니까.

칠판에 먼저 남자애 이름을 적은 다음 그 남자애를 뽑은 여자애 이름을 적기로 했어. 나는 결과에 신경 쓰지 않는 척 책을 읽었어. 교실은 시장 바닥처럼 와글와글 시끄러웠어. 남자애 이름 옆에 여자애 이름을 적을 때마다 아이들이 '와!' 하고 환호성을 질러 댔어.

나는 힐끔힐끔 칠판을 쳐다봤어. 그런데 이게 뭐야? 세상에, 이건 말도 안 돼. 구자명 이름 옆에 여자애 이름이 세 개나 적혀 있었어.

"우아! 구자명, 언제 이렇게 인기가 올라갔지? 부럽다."

선생님이 자명이의 머리를 쓰다듬으며 장난스럽게 말했어. 그러자 빠진 앞니를 드러내며 헤벌쭉 웃는 꼴이라니. 같은 모둠이 되면 숙제를 안 해서 스티커를 다 떼이게 만드는 저 녀석이 뭐가 좋다고 세 표나 몰린 걸까? 김현지, 진승희, 이서현은 정말 남자 보는 눈도 없지.

더 놀라운 건 조승표였어. 조승표 옆에 여자아이의 이름이 빽빽이 적혀 있는 거야. 무려 다섯 명이나! 거기에 조영랑의 이름도 떡 버티고 있지 뭐야.

갑자기 배신감이 몰려왔어. 분위기도 파악 못하고, 아무 데나

돌아다니고, 수업 시간에 노래를 부르는 조승표가 도대체 뭐가 좋다는 거야? 여자애들의 마음은 정말 이해할 수가 없어.

투표가 끝나도록 내 옆에는 여자아이 이름이 하나도 적히지 않았어. 영랑이 이름 옆에 적힌 내 이름을 지우고 싶을 따름이야. 이럴 줄 알았으면 아무도 적지 않는 건데. 나는 영랑이를 뽑았는데 영랑이는 우리 반 엉뚱이 조승표와 김준혁을 적어 낸 거야. 아이들이 나를 골탕 먹이려고 모두 짠 게 틀림없어.

준혁이는 승희가 자기를 두 번째로 선택해 주었다며 정말 고맙다고 인사했어. 정우는 승원이가 뽑아 주었어.

나는 남이 건드리지 않으면 절대 먼저 시비를 걸지 않아. 신사답게 행동하는 이주형이니까. 그런데 아이들이 나를 곁눈질하며 키득키득 웃었어.

"꼴좋다! 잘난 척하고 자기밖에 모르더니."

짝 바꾸기가 끝나고 화장실 앞에서 만난 준혁이가 빈정거렸어.

"시비 걸지 마."

"너한테 말한 거 아니야. 혼잣말이야."

내 태권도 맛을 보여 줘야 좀 조용히 있으려나? 나는 준혁이를 노려보았어.

"선생님 이건 불공평합니다."

다음 시간, 나는 선생님께 따졌어.

"주형아, 왜 그러니?"

"자기랑 친한 사람만 적기 때문입니다."

"툴툴툴툴, 또 시작이다, 시작."

아이들이 중얼거리는 소리가 들렸어.

"그럼 우리 반에 주형이와 친하다고 생각하는 사람이 한 명도 없다는 뜻이겠구나."

갑자기 선생님의 목소리가 가라앉았어. 그리고 마치 준비한 것처럼 말을 이으셨지.

"나는 이 방법이 공평하다고 생각해. 왜 아이들은 주형이랑 짝이 되고 싶지 않은 걸까? 주형이는 혼자 앉아 그 질문에 대한 답을 생각해 보렴."

"와! 선생님 최고예요, 최고!"

"선생님 멋져요!"

엄지를 치켜들며 손을 흔드는 아이들을 보니 주먹이 부르르 떨렸어. 나만 빼놓고 모두 같은 편이 되어 전쟁을 선포하는 것만 같았어. 맨 뒷자리에 있는 내 섬으로 쳐들어올 기회를 엿보는 수많은 적군들. 저들과 어떻게 싸워 이기지?

"선생님, 이건 아이들이 절 골탕 먹이려고 짠 게 분병해요."

정말 이 말은 하고 싶지 않았는데…….

"왜?"

답답한 선생님. 눈치가 좀 없긴 하지만 이 정도일 줄은 몰랐어. 그 이유를 내 입으로 말하려니 자존심이 상했어. 하지만 어쩔 수 없지.

"아이들은 절 질투하는 거예요. 절 라이벌로 생각하고 제가 잘되는 걸 보고 싶지 않은 거라고요."

순식간에 교실이 웃음바다로 변했어. 어떤 아이는 피에로 분장을 하고 나타난 코미디언을 보는 것처럼 배를 잡고 뒹굴기까지 했어.

그런데 왜 눈물이 나오는 걸까? 진짜 망신스러웠어. 게다가 콧물까지 나올 게 뭐람. 코딱지를 파먹는 구자명처럼 코를 훌쩍이는 꼴이라니. 그것도 아이들이 다 보는 앞에서 말이야. 남자는 함부로 눈물을 보이면 안 된다고 했는데……. 나는 3학년 올라와 처음으로 아이들 앞에서 눈물을 흘리고 말았어.

"우아! 이주형도 울 줄 아네?"

"그러게 진짜 신기하다."

아이들이 내가 동물원 원숭이라도 되는 것처럼 구경하며 감탄했어.

나누리 선생님이 박수를 네 번 쳤어. 순간 교실이 조용해지더니 내가 훌쩍이는 소리만 크게 울렸지.

"주형이 지금 많이 속상하지? 알아. 왜 나랑 짝이 되고 싶은 아이는 한 명도 없을까? 화도 날 거야. 선생님이 주형이 마음 이해해. 하지만 주형이도 왜 친구들이 너랑 앉기 싫어할까 한 번 생각해 보렴."

선생님의 말은 위로가 되지 않았어. 선생님은 지금 내 마음이 어떤지 전혀 모르시는 게 분명해.

"그리고 지금 깔깔거리며 웃은 너희도 조용히 자신의 행동을 돌아보렴. 주형이 기분이 어떨지, 너희가 주형이 같은 상황이 되면 어떨지, 입장을 바꿔 생각해 보길 바라. 선생님은 우리 반 친구들의 눈이 밝았으면 좋겠어. 서현이가 경비 아저씨가 애쓰는 마음을 알아채고 현지가 문방구 아저씨의 고마움을 헤아리듯, 친구의 좋은 점을 찾아내는 맑고 밝은 눈을 가진 친구가 되었으면 정말 좋겠어. 선생님도 사실 그런 거 잘 못해. 얼마나 눈이 어두우면 이렇게 두꺼운 안경을 썼겠니?"

고개를 숙였던 아이들이 나누리 선생님과 눈이 마주쳤어. 품, 품, 품. 여기저기서 바람 빠지듯 웃음이 새어 나왔어. 그 말에 나도 피식 웃고 말았지.

나는 왜 친구가 없을까?

그날 오후, 선생님이 나를 불렀어. 전에 본 반성문 공책을 펴 놓고 말이야.

"선생님이 오늘 참 나빴어."

이건 무슨 말이지?

"일부러 여자아이들의 부탁을 들어줬거든. 사실, 주형이 네 말대로 짝꿍은 그렇게 뽑으면 안 돼. 분명 상처받는 아이가 있을 테니까. 그런 건 공평한 게 아니야. 맞아."

그걸 알면서도 왜 그러셨을까?

"그런데 주형이 너한테 보여 주려고 그랬어. 지금 친구들의 마음을 말이야."

나와 앉고 싶지 않은 건 아이들의 마음이지 내 마음이 아니야. 내가 왜 그 아이들 마음까지 알아야 해?

선생님이 내 마음을 읽은 것처럼 다시 말을 이었어.

"물론 넌 아이들의 마음을 왜 알아야 하냐고 묻겠지. 그건 너도 책임이 있기 때문이야. 왜 나랑 짝이 되고 싶지 않은 걸까? 왜 나한테는 지우개를 빌려 달라고 부탁하지 않을까? 왜 나를 싫어할까……."

선생님은 또 아이들 편을 들고 있어. 내 편은 아무도 없다니까. 다시 눈물이 나왔어.

"너 지금 내가 친구들 편드는 것 같아 속상하지?"

점점…… 내 마음에 몰래 카메라를 설치했나? 내 생각을 다 읽고 있잖아.

"그건 아니야. 오늘은 선생님이 주형이한테 반성문을 써야 해. 내가 주형이를 많이 아프게 했으니까."

 선생님도 나를 위로하지 않고 친구들 앞에서 망신을 준 게 미안하겠지.

 선생님은 반성문 공책을 올려놓고는 내가 보는 앞에서 글을 써 내려갔어. 그리고 마지막에 이렇게 적었지.

> 그래도 오늘 짝 바꾸기에서 주형이가 한 표도 못 받은 건 정말 잘된 일이라고 생각한다. 처음엔 화를 내겠지만 주형이는 생각할 것이다. 날 왜 아무도 뽑지 않았을까? 생각이 깊고 영리한 주형이는 꼭 그 답을 찾아낼 것이다.

뭐야? 이건 반성문이 아니라 나를 놀리는 쪽지 같았어.

"주형아, 오늘 일 사과하는 의미로 선생님이 선물 줄게."

선생님이 쓴 반성문 공책과 똑같은 공책을 한 권 내밀었어. 내게도 반성문을 쓰라는 뜻인가?

"오래 전부터 사 놓고 주지 못한 선물."

나는 공책을 받으면서도 도대체 이해할 수가 없었어. 이건 선물이 아니라 벌이잖아.

"전 잘못한 게 없는데 왜 반성문을 써요?"

"반성문은 선생님 혼자만 쓰면 돼. 맞아, 잘못한 게 없는 주형이는 반성문을 쓸 필요가 없지. 넌 그냥 오늘 이야기를 쓰면 돼. 억울하다며? 그럼 왜 친구들이 너를 싫어하는지, 네가 왜

자명이나 승표보다 인기가 없는지 그 이유를 열 가지만 적어 봐. 이게 오늘 선물을 준 선생님의 부탁이야."

치, 이건 선물이 아니라 숙제야. 끔찍한 숙제.

"이 공책을 다 채우면 그때 우리 서로 바꿔 보자. 선생님이 쓴 반성문과 네가 쓴 이 공책을 말이야."

나는 꾸벅 인사를 하고 나왔어.

집에 돌아오자마자 공책을 폈어. 난 누구를 먼저 괴롭힌 적이 없어. 누구에게 뭘 빌린 적도, 남에게 피해를 준 적도 없어. 그저 내 할 일을 묵묵히 했을 뿐이야. 그런데 아이들은 나랑 짝이 되기 싫대.

왜 그럴까? 왜 난 아이들에게 인기가 없을까? 아이들이 왜 날 이기적이라고, 냉혈 인간이라고 할까? 알 수 없는 물음만 잔뜩 적었어. 영랑이가 왜 나를 싫어하는지 처음으로 깊게 생각했어. 준혁이가 나랑 축구를 하지 않는 이유도 오래오래 생각했어. 아이들은 왜 구자명과 조승표를 보면 밝게 웃을까?

물음표가 공책 가득 기차처럼 이어졌어. 나는 왜 인기가 없

을까? 아이들은 왜 날 싫어할까? 지금부터 차근차근 이 문제를 풀어 갈 거야.

왜냐고? 난 선생님이 내주신 숙제를 한 번도 빼먹은 적 없는 모범생이니까. 그리고…… 사실 '나랑 짝이 되어 줘.' 하며 몰려드는 여자아이들 틈에서 괴로워하던 조승표가 정말로 부러웠거든. 두고 봐. 나도 꼭 승표처럼 인기남이 되고 말 거야.

|부록|

주형이와 함께 친구 찾기

1. 나의 이기심 지수 테스트

2. 배려하는 아이가 되는 법

3. 와글와글 발언대
   '주형이가 내 짝이라면?'

나의 이기심 지수 테스트

"넌 너무 이기적이야. 어쩌면 너밖에 모르니?"
누군가 내게 이런 말을 한 적 있나요? 더 이상 이런 말을 듣고 싶지 않다면 지금부터 내 마음을 들여다보아요. 나도 모르게 이기심이 쑥쑥 자라나고 있는지요. 나는 얼마나 이기적인지 해당하는 번호에 표시해 보세요.

1. 도서실에서 빌린 책이지만, 다음에 마저 읽기 위해 내가 보던 부분을 접어 둔다. (   )
2. 친구가 이야기하고 있는데도 내가 할 말이 생각나면 말을 가로막는다. (   )
3. 짝꿍이 준비물을 챙겨 오지 않으면, 그건 그 아이 잘못이니 빌려 주지 않는다. (   )
4. 축구 경기 중에 공이 오면 패스하지 않고 나 혼자 찬다. (   )
5. 모둠 숙제는 다른 친구들이 할 테니, 내 숙제만 한다. (   )
6. 엄마가 싸 준 간식은 나 혼자 먹는다. (   )
7. 그네를 타면 친구들이 기다리고 있어도 내리지 않는다. (   )
8. 친구가 공놀이를 하고 싶다고 해도, 내가 숨바꼭질하고 싶으면 숨바꼭질을 한다. (   )
9. 알림장을 못 적은 친구가 보여 달라고 해도 보여주지 않는다. (   )
10. 문방구에서 비닐로 포장된 물건을 꺼내서 만져 본다. (   )

8~10개

이기적인 성격이에요. 다른 친구들이 내 물건을 쓰는 것은 싫지만 자신은 다른 사람들의 물건을 소중히 하지 않지요. 친구들과 함께 나눠 쓸 줄도 알아야 하고, 다른 사람의 물건도 소중히 할 줄 아는 자세가 중요해요.

4~7개

그때그때의 기분에 따라 행동이 달라지는 성격이에요. 남을 배려하는 마음은 있지만 가끔 서툰 표현으로 다른 친구들의 오해를 사기도 해요. 친구들에게 양보하고 친절한 마음을 보이면 친구들이 아주 좋아할 거예요.

0~3개

이해심이 많고 친구들의 마음을 배려할 줄 아는 성격이에요. 친구의 물건을 소중히 할 줄 알고, 친구가 어려울 때는 도울 줄 아는 따뜻한 마음씨를 가졌군요. 분명 친구들 사이에서도 인기가 많을 거예요.

배려하는 아이가 되는 법

주형이에게 부족한 것은 무엇일까요? 그건 바로 다른 사람을 배려하는 마음이에요. 배려란 다른 사람을 도와주거나 보살펴 주려고 마음을 쓰는 것이에요. 다른 사람을 배려하는 친구라면 주변 사람들도 모두 좋아하겠지요? 다음 상황을 보고 배려할 줄 아는 아이의 태도를 배워 보아요.

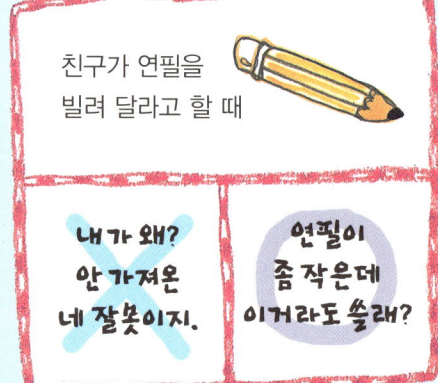

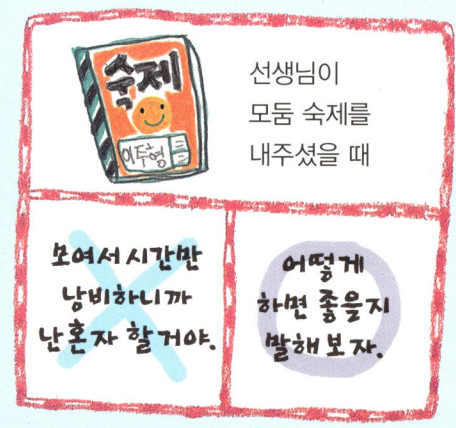

주형이가 내 짝이라면?

여러분들은 주인공 이주형에 대해 어떻게 생각하나요? 주형이는 친구들이 자기를 왜 싫어하는지 잘 모르겠대요. 여기서 한번 솔직하게 이야기해 보세요.

연준: 이주형이 내 짝이 된다면? 으, 생각만 해도 끔찍해. 내가 살짝 주형이 책상 쪽으로 넘어 가면 분명 따지고 필통만 떨어뜨려도 잔소리할 것 같아.

민서: 나는 주형이 같은 짝꿍을 만나면 오히려 편할 것 같아. 나를 괴롭히거나 먼저 장난치지 않을 테니까.

예린: 난 무서워. 내가 조금만 잘못해도 다 내 탓이라며 만날 핑계만 대고 화낼 것 같아. 주형이는 자기 잘못을 인정하지 않잖아.

서연: 그래도 공부도 잘하고 준비물도 잘 챙기고 선생님 말씀도 잘 듣는 모범생이잖아. 주형이가 잘하는 건 인정해야 하지 않을까?

현재: 그럼 뭐해? 구구단 못 외운다고 친구를 놀리기나 하고. 난 다른 친구의 약점을 가지고 놀리고 무시하는 아이랑 짝이 되기 싫어.

나:

함께 어울릴 줄 아는 아이로 키워주는 책
내 짝꿍이 되어 줄래

초판 1쇄 발행 2013년 10월 14일 **초판 16쇄 발행** 2023년 6월 1일

글 박혜선 **그림** 이영림
펴낸이 이승현

출판3 본부장 최순영
교양 학습 팀장 김솔미 **편집** 김문주
디자인 Design Lovey

펴낸곳 ㈜위즈덤하우스 **출판등록** 2000년 5월 23일 제13-1071호
제조국 대한민국 **주소** 서울특별시 마포구 양화로 19 합정오피스빌딩 17층
전화 02)2179-5600 **홈페이지** www.wisdomhouse.co.kr **전자우편** kids@wisdomhouse.co.kr

ⓒ박혜선, 2013
ISBN 978-89-6247-394-0 74810
ISBN 978-89-92010-33-7 (세트)

* 이 책의 전부 또는 일부 내용을 재사용하려면 반드시 사전에 저작권자와 ㈜위즈덤하우스의 동의를 받아야 합니다.
* 인쇄·제작 및 유통상의 파본 도서는 구입하신 서점에서 바꿔드립니다.
* 책값은 뒤표지에 있습니다.
* 이 책의 사용 연령은 8~13세입니다.